HUMBERTO HERNÁNDEZ

POLÍTICA
PARA JÓVENES

JURADO
publishing

ISBN: 978-1523768929

JURADO
publishing

juradopublishing@yahoo.com

Agradecimientos

A mis padres, Humberto Hernández y Sulaica Escalante de Hernández, quienes con la sapiencia propia de Dios, con la paciencia del Lama tibetano, pero con el amor de la Virgen María, me han inducido a abordar la política como un modo de vida.

–El autor

A la memoria del
Presidente Carlos Andrés Pérez,
amigo de mis afectos, padrino
vigilante de mi infancia.

–El autor

CONTENIDO

"Sea la ley suprema el bien del pueblo"

–Cicerón

CAPÍTULO I

Me encontré con la política

Yo no fui a buscarla, ella –la política– me encontró a mí y entendí desde mi primera infancia que era muy importante para dejarla en manos de cualquiera, entendí también que debemos estudiarla y a la vez disfrutarla, que es un ejercicio permanente en la vida y que no tiene recesos ni vacaciones, que es una de las cosas más interesantes y divertidas que existe y seguramente el hombre no fue quien la inventó porque al final del día es el hombre un animal político.

El Presidente llegó a mi casa, era amigo de Papá y todos estaban alegres y yo no entendía por qué.

Era un hombre cuya sola presencia inspiraba respeto y era amigo de mi Padre y me exigieron que le pidiera la bendición porque me había bautizado en la fe católica, era mi padrino, ¡tremendo padrino de bautismo!

El Presidente trabajaba hasta cuando se distraía, realmente el país lo era todo para él, la democracia su credo y así fui creciendo, porque fuimos amigos siempre y para mi bastaba su amistad con Papá para tenerle en una muy alta consideración y estima.

También, creo que por osmosis, conocí a muchos personeros protagonistas de la democracia de entonces y a todos les observaba el denuedo con el que trabajaban como si fuera algo sagrado, como si se tratara de una inmensa vocación de servir y con los años les llegué a admirar esa entrega y esa capacidad de permitir las opiniones que no siempre les eran favorables ¡eso es la democracia! La conjunción y la aceptación de todos, poniendo a la ley por encima, porque esto que les digo es una regla que debemos aceptar: nadie, pero absolutamente nadie, incluyendo al Presidente, debe estar por encima de la ley, la Constitución y los grandes valores del país.

Fui creciendo y aún soy muy joven y mis amigos

consideran que la política no es asunto de ellos y que por su edad ya tendrán la oportunidad pero no es así, los grandes políticos de la humanidad nacieron y forjaron esa inquietud divina que siento yo por el ejercicio de la ciencia política y como ciencia debe ser estudiada, debe ser aprendida, ejercida, pensada y a la vez disfrutada, porque les traigo una buena noticia a todos aquellos jóvenes que me leen: es el más sublime trabajo que hombre alguno pueda tener y cuando se comprende deja de ser un trabajo para convertirse en la vida y de paso es aplicable a casi cualquier cosa, a casi cualquier relación humana y está lleno de satisfacciones y recompensas, que con frecuencia, como son las cosas, están matizadas por momentos no tan divertidos ni altruistas. Desde el momento que cada político posee adversarios, la cosa puede ser complicada, pero bienvenida la adversidad y la competencia que siempre nos obligará a reinventarnos y a ser mejores para lograr nuestros fines y objetivos.

Requiere sin lugar a ninguna duda, algunas características que no siempre tenemos, pero que podemos lograr, y les pregunto: ¿Acaso en la medicina no se requieren algunas características? ¿para ser abogado, para ser militar, para ser ingeniero, no requerimos de algunas características y vocaciones? La respuesta es un contundente sí.

Te ruego que le des una pensada a todo esto. Seguramente nunca la has tenido tan cerca como para influirte y apasionarte, pero te digo que cumple con las dos anteriores: la política es sumamente influyente y es infinitamente apasionante.

Cuando yo comencé, luego de graduarme en negocios en la universidad, apliqué lo que de alguna forma me enseñaron y busqué la información, busqué a los más grandes y experimentados autores en esa materia e inmediatamente como suele ocurrir, pude observar mi cambio al verla y entenderla. Yo no te pido que lo hagas, de hecho he decidido escribir para ahorrarte caminos tortuosos y horas y horas de lecturas que no siempre entenderemos por nuestra falta de cultura junto a los pocos años que tenemos de edad, pero no siempre serás joven, los años pasan sin detenerse y en definitiva es una elección tuya el crecer, porque el envejecer es absoluta y radicalmente obligatorio, no es una elección democrática, no podrás influir con tu voto sobre el inexorable paso del tiempo, pero si podrás influir en tu manera de ver al mundo y en tu manera de influirlo y perfeccionarlo desde la democracia desde la disidencia y aceptando todos los ángulos que afecten a un problema de tu país.

Ahora te tengo una muy mala noticia: nunca se termina de aprender en esto de la política y la vida y creo que he redundado porque la política es la vida, como antes lo expuse.

Si te preguntaran: ¿Tienes cultura general? Tu respuesta podría ser desde la arrogancia con un contundente SÍ, pero no creas que es así, el hecho de haber tenido estudios de bachillerato y de universidad, no te hacen una persona culta. En la universidad nos enseñaron donde buscar la información y lamento decirte esto, pero la carrera no termina cuando te entregan el diploma de graduación que certifica que cumpliste con algunos requisitos exigidos por la institución educativa donde estudiaste, no, la carrera comienza ese mismo día en que te entregan el diploma y ahora debes seguir estudiando para poner en práctica tu vocación, buscar la información, ejercer las habilidades que lograste en las aulas, reducir gastos y tiempo a tu empleador.

Yo conozco ingenieros que nunca han ingeniado nada, también seguramente conocerás abogados que no tienen la más tibia idea de dónde queda la corte y ahora se dedican a vender pólizas de seguros y eso es una lástima, porque perdieron su tiempo seguramente tratando de complacer a sus padres quienes les exigían un título universitario, así sean infelices. En la política es algo similar. Si no te gusta la política nunca lo digas hasta que la conozcas. Si no logro persuadirte de la importancia de ella, realmente no es mi culpa, pero termina de leer lo que tengo que decirte, porque ese ingeniero, ese abogado, ese médico o cualquier otra profesión que seguramente tú vas a ejercer, requiere de ese lubricante para poder interrelacionarse, lograr sus objetivos, llevar con éxito a feliz término sus proyectos y algo muy importante que viene como resultado de los anteriores, ¡ganar dinero!

Nuestras universidades son un semillero de comunistas, que por lo fácil de su doctrina igualitaria asumen que todos debemos serlo (iguales), pero eso no es cierto. No todos podemos ni debemos ser iguales. El mundo y la humanidad no ha sido diseñada así, de hecho pienso que la doctrina marxista leninista, de la cual te hablaré en capítulos por venir, son contra natura, porque tu esfuerzo académico, tu esfuerzo laboral, tus talentos, esos que se forjaron por años, de trabajo y de templanza, de trasnocho y por supuesto diversión en su ejercicio, deben ser mejor recompensados que aquel que desde su cama espera que el gobierno de turno le ayude a salir de su pobreza y mala actitud. No tiene sentido haber estudiado química para ser un taxista, como tampoco tiene ningún sentido darle a un taxista la gerencia de un laboratorio químico y no estoy siendo cruel con el taxista, yo conozco a algunos muy buenas personas y con una gran vocación de servir, pero así son las cosas en un país donde la educación es gratuita hasta nivel de pregrado. Volvemos entonces a las elecciones, palabra que me gusta mucho y ¿sabes por qué? Porque a mí me gusta elegir y me temo que si estás leyendo este libro tú también elegiste. Es una elección libérrima y respetable el no estudiar, el no saber, de hecho es más fácil ver televisión ahora mismo que estarme leyendo ¡tú eliges!, pero te advierto algo: tienes prohibido quejarte de tu futuro y del futuro de tu país, si elegiste no estudiar, no leer, no trabajar, el Estado no tiene por qué mantenerte, tú no puedes ni debes ser una carga para los contribuyentes, por tu elección de manera que yo te invito a ser el dueño de tu destino, yo te invito a que colabores con tu país y por ende contigo, porque más pronto que tarde te sentirás orgulloso de la elección que tomaste al poner en el juego de la política tus potencialidades y talentos.

¿Sabes qué? Se me ocurre hacerte esta pregunta: ¿Desde cuándo no te sientes orgulloso de algo que hiciste? Si tu acción y por ende tu respuesta tiene más de veinticuatro horas, creo que es mucho tiempo, porque debemos decidir hasta para equivocarnos y aprender de esas equivocaciones. Debemos elegir aplicando nuestros criterios, también nuestros intereses personales, pero en conjunción con los intereses de nuestro grupo, que a la vez pertenece a todo un inmenso país que nos acoge, que se supone debe protegernos y abogar por nuestro bienestar como justiprecio a nuestro esfuerzo como ciudadanos, de manera que tenemos una nueva palabra "justiprecio", el precio justo, el pago por algo ajustado al valor. Porque piensa un momento: ¿Será lo mismo valor que precio?

Yo te lo voy a explicar, o mejor aún, tú lo vas a conseguir en los próximos capítulos donde espero poner a tu mente a funcionar y donde te ahorraré muchas horas de lectura, porque insisto que la política también es para los jóvenes, si entendemos que hay obstáculos en el camino que solo lograremos sortear si los entendemos; y no conozco mejor y más barata manera que estudiando.

Diviértete, elige, decide y aplica tus talentos con un fin más altruista del que te enseñaron tus maestros a quienes honramos, pero que nos permiten pensar por nosotros mismos, tomar las decisiones y entender que el humano moderno jamás se realizará, sino que es un animal político de pequeñas e interesantes decisiones diarias en las que pone a juego sus potencialidades.

¡La política también es para nosotros los jóvenes!

"Con la mano cerrada no se puede intercambiar un apretón de manos"

–Indira Ghandi

CAPÍTULO II

Agátocles y la toma del poder por la fuerza

Ya hemos escrito sobre el estudio de la ciencia política y las interminables lecturas que debemos tener para comprender el intrincado problema que siempre acarrea y cuando digo siempre hablo del principio de la humanidad.

Cuando leí a Nicolás Maquiavelo, sí, ya sé lo que piensas, el que con sus acciones hizo que naciera el sustantivo "maquiavelismo" y el adjetivo "maquiavélico", de esa misma persona te hablo y quien escribiera su obra póstuma *El Príncipe* cuando estaba preso en San Casciano, acusado de haber conspirado contra los Médici, específicamente Lorenzo II, con la esperanza de reconquistar el cargo de Secretario de la República, el Nicolás ya en la pobreza y en la más absoluta desolación puso en la dedicatoria que como no tenía ningún bien de fortuna para regalar al Príncipe, le mandaba este escrito breve a manera de exponerle su inmenso conocimiento de la naturaleza humana y a la vez para que sirviera de regalo amable y salvar su responsabilidad en aquella acusación que le estropeó su prestigio, palabra de la cual hablaremos en su oportunidad y que implica en un político algo tan importante que debe ser defendido (el prestigio) con toda ferocidad y astucia.

Pues bien en el capítulo 8 de esa edición que leí, podemos encontrar algo que te interesa mucho a ti político joven, se llama: "de los que llegaron al principado mediante crímenes".

Si eres cubano o venezolano y si no lo eres pero conoces la historia reciente de ambos países, podrás entender que se llegó al poder cometiendo crímenes. También Adolf Hitler lo hizo en su tiempo en la Alemania de entonces, pero este libro no tiene por objeto hacer de él una crítica que pudiera enturbiar el verdadero objetivo, no. Simplemente me veo en la necesidad de ilustrarte sobre una manera rápida y hasta eficiente de hacerse con el poder, pero poco sostenible en el tiempo por su origen violento e ilegal.

El cuento es que Agátocles era un hombre humilde, hijo de un alfarero de la época, estamos hablando del año 1531, imagínate como han pasado cosas desde aquellos tiempos, pero lo paradójico es que son absolutamente aplicables a los de ahora.

Agátocles entró a la vida militar y fue ascendiendo por sus virtudes y valentía, fue escalando y hasta llegó a comandar tropas siendo muy joven. Quiero recordarte que por el arrojo de sus soldados, estos adquirían prestigio y fama, por los riesgos en el campo de batalla sus jefes le daban más confianza y hasta más responsabilidades que iban probándolos y con ellas, –las responsabilidades– también venía el poder sobre mayor cantidad de hombres.

Era un hombre malvado y con mucha ambición y había nacido en Sicilia, al sur de lo que hoy es Italia y en esos ascensos llegó a ocupar el cargo de pretor de Siracusa, que era una suerte de importante jefe militar con mucha influencia civil.

Como suele ocurrir con las personas sin formación democrática junto a una desmedida ambición, el tal Agátocles decidió tomar el poder por la fuerza, sí, con la misma fuerza militar que la república le había dado para que defendiera sus intereses y entonces el muy malvado se puso de acuerdo, como suele suceder, con su amigo Amílcar quien también era un jefe militar y una mañana reunió al pueblo y al Senado, como si tuviese que deliberar sobre cosas relacionadas con la república y a una señal convenida sus soldados mataron a todos los senadores y a los ciudadanos más ricos de Siracusa y se auto proclamó Rey.

Vengamos al siglo XXI.

¿No les parece que esta historia posee absoluta vigencia?

Quiero recordarles algo:

En el Ejército venezolano estaba un humilde muchacho quien vivió con muchísima escasez su infancia y juventud. Entró a la Academia Militar para solucionar parcialmente esos severos problemas y allí también con dificultad académica se graduó. No podemos negar que poseía inteligencia para sortear todos esos escollos que otros no tenían, pero fueron pasando los años y él fue surgiendo en su carrera militar y un

buen día, se reunió con los Amílcar de su época y decidió tomar el poder por la fuerza, con esos soldados y
las armas que la república le había dado para proteger
sus intereses y al sistema democrático, pero ocurre que
como la historia ha sido leída, como haces tú con este
libro, el Presidente del momento quien poseía arrojo y
valentía, sabía sobre estas cosas que tuvo que enfrentar
cuando se preparaba como político, le salió al frente y
nunca permitió un vacío en su poder y las fuerzas alia-
das quien el comandaba, le ayudaron y le fueron leales
al sistema de la democracia y no pudo tomar el poder
en esa oportunidad.

Recuerden que les dije que no podemos negar
la inteligencia del Agátocles moderno, porque al salir
de prisión, luego de su derrota, se reinventó y entró al
juego democrático compitiendo en buena lid, pero con
las mismas malas intenciones de la primera vez y en-
tendió que la pobreza no es la falta de dinero sino la
falta de esperanza y estudió oratoria (materia a la que
dedicaremos un capítulo completo) y comenzó a regalar esperanzas basado en una fórmula muy peligrosa
y dañina también usada a lo largo de la historia, que es
la división de clases y como el humano postmoderno se

mueve de manera rápida con miedo o de una manera más lenta pero duradera basado en la motivación, usó en primer término esta última hasta hacerse del poder, pero la motivación puede tener frutos desde dos puntos diferentes que a la vez forman la misma emoción:

El contrario del amor no es el odio, son la misma emoción pero con diferente polaridad y entonces abrazó el odio, basado en el amor por su pueblo. ¿Es un poco complejo esto, verdad?

Lo del amor por su pueblo es simplemente una de las artimañas que también estudié en el *Arte de la Guerra* de Sun Tzu.

Pero no es tan complicado como parece, créeme que no, pero es sumamente importante que lo sepas.

No hay dictaduras buenas. Probablemente darán a algunos ciudadanos la sensación de eficiencia y probidad, pero su problema siempre está en su origen.

No hay ex golpistas, ex asesinos, ex ladrones, siempre lo serán independientemente de que ahora no ejerzan sus oficios, pero para los efectos de la democracia, el haber atentado contra ella y lo que significa en términos de libertades soberanas y libérrimas del humano, siempre deberán purgar sus faltas y a la vez deberán quedar inhabilitados para sus beneficios ¿o es que acaso, ellos, los golpistas, no intentaron con las armas de la república destruirla? La realidad posee obstáculos que debemos entender. Todos han intentado hacerse del poder político buscando poder económico. Todos justifican la violencia y los muertos por el amor al pueblo y mintiendo justificándose por buscar la irreal igualdad del pueblo, pero no caigas en esa trampa, porque la humanidad y la historia de ella, comprobadamente ha demostrado que una vez en el poder ilegítimo, cometen los mismos errores pero con mayor fuerza, producto de su falta de talento para gobernar y su poca preparación para lidiar con los puntos encontrados que siempre toparán con sus puntos de vista, pero al ser dictadores, no aceptan disidencias y por ende eso los saca del grupo de los demócratas.

Yo soy anticomunista, pero podría entender que exista un partido comunista que por los mecanismos democráticos vaya a elecciones. Si ellos –los comunistas– lograran persuadir al electorado de que son la vía correcta hacia el progreso, no tendría otra opción que aceptarlos hasta las próximas elecciones, pero la experiencia nos dice que una vez llegan al poder se convierten en dictadores y violadores de la ley, para no perderlo jamás y perpetuarse en lo que a mi juicio es una absurda y retrógrada manera de mandar, porque no podemos olvidar que donde han llegado, han destrozado el aparato productivo, normalmente desmotivan la inversión extranjera, no creen en la prosperidad, ni en los valores ciudadanos individuales, no permiten el crecimiento económico y al final destrozan todo lo que el mundo libre construye, siguiendo y afianzando esa trampa prenombrada de la igualdad social y la reivindicación de los pobres. Su método comprobadamente no sirve. Hacen que todos seamos iguales, pero por debajo, con ellos no hay desigualdad, porque a todos hacen pobres por igual, de manera que no creo en el comunismo y su oscura historia siempre nos grita al oído que no han cambiado en los dos últimos siglos, pero este no es un libro para hablar de doctrinas políticas, sino para hacerte entender, que no podrás escapar de ella (la política) y por ser tan seria, por ser tan influyente en tu vida, no puedes ni debes dejarla en las manos de los menos capacitados.

Maquiavelo nos ilustra al respecto y yo te invito

a que no creas en esos profetas que prometen cambios radicales hacia tu bienestar, porque no es así, nunca ha sido así. Sin lugar a dudas habrán cambios pero hacia el bienestar de ellos mismos.

Casi podría asegurar que ninguna revolución, incluyendo a la francesa, ha traído bienestar a sus pueblos. La bolchevique, la cubana y la venezolana, están preñadas de miserias y han hecho de sus países sociedades en decadencia que han sacado del humano, otrora ciudadano, un ser despreciable que funciona desde sus bajas pasiones y el hambre. Imagínate que Lenin, llegó a escribir: "Al pueblo quítaselo todo y se lo vas dando poco a poco y te lo agradecerán" por eso tenemos que entender que el comunista es un flojo y también resentido dispuesto a quitarle a las personas prósperas sus propiedades justificando que ahora todo es del pueblo y lo que realmente hacen es la creación de una fábrica de vagos e incapaces. El mundo libre ha demostrado su progreso. Las grandes invenciones que ahora te parecen normales han sido hechas en libertad y es la Democracia el sistema que permite esas libertades dentro de los límites propios de la ley y el orden.

Seguramente desde tu primera infancia conociste

un teléfono celular, ahora esos mismos teléfonos son inteligentes, no sabes cómo el mundo funcionaba sin el internet, el horno de microondas forma parte de tu vida y ninguno de los productos terminados que adornan tu vida pertenecen a un solo país. ¿Tú crees que un carro Mercedez Benz es totalmente alemán? Te llevarás sorpresas cuando te enteres que sus luces son probablemente asiáticas, que el parabrisas es americano, el cuero de sus asientos podría ser traído de Malasia, sus neumáticos italianos, ¿qué más da? Son ejemplos que te pongo para entender que ahora vivimos con la libertad de poder negociar con el planeta entero en aras de la competitividad que el comunismo no permite.

Me vi en la obligación de insertar este capítulo al principio porque recuerdo a aquel profesor en la universidad, cuyo pasado era oscuro, (me lo dijo mi Padre) por haber participado en la lucha armada cuando yo aún no había nacido, pero con el tiempo tuve oportunidad de preguntarle porque ahora creía en la democracia y las libertades y porque había dejado de ser comunista y por única respuesta me dijo: "cuando uno es joven y es comunista, uno es un soñador, pero cuando se es un hombre maduro y comunista, uno es un estúpido".

No creas en las igualdades, de hecho, el leer este libro te hace desigual, como a mí el escribirlo, de manera que te doy la más cordial bienvenida a la democracia, a la contienda política justa y además estoy dispuesto a escuchar tus puntos de vista que no tienen por qué coincidir con los míos, pero que respetaré como si los fueran, porque tú y yo, tenemos un mismo objetivo, el cual es el de llevar a nuestro país, cualquiera que este sea, la mayor cantidad de bienestar y justicia, la mayor prosperidad y felicidad posible a sus ciudadanos y la mayor cantidad de libertades y derechos, basados en la ley que implica por supuesto deberes.

"Saber hablar o escribir bien, hasta ahora que Dios no ha variado el mundo; constituye la única credencial y la única prueba conocida del talento"

–*Cecilio Acosta*

CAPÍTULO III

La oratoria para el político joven

Hay oficios, tareas, profesiones y deportes para los que tienes que tener al menos, el mínimo indispensable de condiciones para ejercerlo. Por ejemplo, no podrás correr caballos de carrera si tu peso corporal es de doscientas cincuenta libras y esperar tener éxito, al igual que no podrás jugar profesionalmente básquetbol si no mides al menos unos dos metros de altura, por supuesto siendo ciego no podrás ver la pelota en un partido de béisbol donde debes batear, tampoco podrás ser zapatero, artesano, ni relojero si te faltara una mano ni corredor olímpico de cien metros planos si ambas piernas te han sido amputadas, un poco cruel todo esto, pero absolutamente cierto. En el caso de la política que al final del día es una venta de un producto basado en la esperanza y el bienestar, simplemente no podrás ser el vendedor que esperas si eres mudo y por ende tampoco podrás ser un político exitoso con la misma falencia. El hecho de poder hablar no te hace un orador, el hecho de poder comunicarte tampoco y el que el ejercicio de hablar lo hagas desde la primera infancia no significa que podrás persuadir a las masas para que voten y confíen en ti. Entonces ¿qué hacer ante este problema?

El más redondo concepto que he podido conseguir en mi formación como orador es el siguiente: "La oratoria es la ciencia arte de hablar en público con corrección y belleza, con la única intención de persuadir y convencer".

Es evidente que si no persuades, si no convences con argumentos y una técnica sólida, no estás haciendo oratoria.

Paradójicamente en contra de tu proceso educativo creo que todo está al revés, porque de acuerdo a una encuesta de Gallup hecha a finales de los años noventa, el 58% de lo que queda en la psiquis de las personas que están dispuestos a escucharte, tiene que ver con tu lenguaje gestual y los colores como te vistas.

Tu discurso tiene que ser reforzado por tus gestos, tu vestimenta debe estar acorde con el ambiente, el acto, la intención y por ello no deberías ir vestido de tuxedo a dar un discurso a un pueblo del interior de Latinoamérica con un calor tropical de las tres de la tarde, eso te alejaría de las personas humildes a quienes deseas persuadir de que eres la mejor opción para ellos y su futuro. De alguna forma debes mimetizarte entre tu público, debes parecerte a ellos pero diferenciándote, suena paradójico pero no lo es.

El 38% de lo que puedes fijar en la psiquis tiene que ver con el lenguaje vocal, referido por supuesto a la voz que a la vez tiene tres características importantes a saber: el tono, que es todo lo alto que puedas hablar sin perder vocalización, el timbre que es la personalidad de tu voz y la inflexión que es donde se encuentra el secreto para poder captar la atención y no hacer un discurso monótono y fastidioso más allá del contenido del cual te voy a hablar próximamente.

Debes recordar en este momento, que hay silencios que hablan y hay pausas que son ellas solas un discurso.

Pero ahora prepárate para tomar altas velocidades, porque al contrario de lo que te han enseñado,
tan solo el 4% de toda la carga intelectual que puedas
verter en tus oyentes será lo que quede en su psiquis, de
manera que tu discurso deberá ser tan contundente, tan
convincente, audaz y lleno de contenido que se debe
aprovechar al máximo y se debe transformar en una
bala de alta potencia al corazón, para poder moldear
y lograr persuadir a las personas. Estás en el derecho
de no creerme pero debemos comenzar por determinar
el sexo de la masa y por ello te invito a que te hagas la
siguiente pregunta: ¿La palabra masa y lo que ella significa posee una connotación castellana masculina o
femenina? Por supuesto que será femenina porque no
existe el "maso", en referencia a un grupo de personas
y realmente ¿sabes ya por qué la masa en femenina?
Porque se enamora como se hace con las féminas, por
el oído.

Las grandes masas humanas siempre han sido
movidas por grandes oradores pero nunca por grandes
escritores, de manera que la invitación es a depurar tu
técnica oratoria y a practicarla con disciplina. Debo
poner un ejemplo de un líder negativo y oscuro como

lo fue el austriaco Adolf Hitler, sí, él era austriaco nacido en un pequeño pueblo a orillas del río. Fue un cabo
segundo del ejército alemán durante la primera guerra
mundial y a mi juicio era inteligente pero inculto, de
manera que se dió cuenta bien temprano sobre el poder
de la oratoria sobre la masa y en una Alemania de aquella época, próspera, con bajo índice de desempleo, logró
colarse usando tan solo el verbo y dominó a un país lleno de personas cultas, los subyugó y les persuadió usando la pureza de la raza (viejo truco que tocamos en el
capítulo II) y ¿sabes qué? Si el resto de los países libres
del planeta no se hubieran puesto de acuerdo para ir en
contra de la maquinaria Nazi, construida desde la palabra de Hitler y su poder oratorio, me temo que este libro sería escrito en alemán, de manera que te conmino
a la práctica oratoria o seguramente serás un político
lisiado en sus objetivos e intenciones.

El ser un político con capacidad oratoria te dará
prestigio, te dará liderazgo y potenciará tus capacidades
que a la vez dependen de las personas que te sigan, en
número y en calidad de ellas, pero tenemos un problema: el orador deberá siempre ser honesto porque públi-
camente está arriesgando mucho y si se llegase a descu-

brir una ligereza, una mentira, una falencia intelectual, cualquiera que ella sea, ese prestigio ganado pasará con toda velocidad a ser una mala reputación, de manera que junto a la probidad y a la preparación, estaremos forjando el camino hacia la credibilidad y el éxito.

Como te dije, debemos estudiar la técnica y por ello debo decirte que existen siete diferentes géneros oratorios, de los cuales solo estudiaremos la "oratoria política" en sus dos versiones a saber y en vista de que esta es una materia compleja y extensa, no entraré a analizar los otros géneros, para no perder el foco, el cual es el motivarte a estudiar esta ciencia arte con formalidad y entendiendo su real importancia.

También existen cuatro tipos de discursos: el leído, el memorizado, el improvisado y el más importante y efectivo de todos, los preparados.

El leído posee algunas ventajas en cuanto a la medición del tiempo exacto de acuerdo al protocolo, pero te quitará brillantez, el memorizado jamás se recomienda por ser sumamente riesgoso y absolutamente endeble y dependiente de tu memoria. Con los años podríamos decir que ya nada hay que improvisar, por haber practicado en múltiples contiendas diferentes tipos de discurso en diferentes tipos de eventos sociales, sacros, militares, forenses, fúnebres, académicos y por ello vamos entonces al que a mí me gusta más, por su efectividad: el preparado.

Para preparar un discurso, debes comenzar por determinar los puntos que tocarás, ajustando de esta manera el tiempo que se te ha otorgado y desarrollando cada uno, luego procede a diseñar la manera en que terminarás, pudiendo usar para esto una frase célebre de algún autor que refuerce lo que has dicho o un pensamiento tuyo con el que culmines con brillantez tu pieza oratoria y por último, pero no menos importante, determina como empezarás, dependiendo del tipo de introito que desees usar: introito por irrupción, el introito por exabrupto o el introito más laxo y amable, llamado social. De esta manera podrás construir una pieza oratoria que te dará la oportunidad de hacer crecer tu prestigio, te permitirá persuadir, conmover, movilizar y crear voluntades a favor de tu causa política y hará que crezca tu buena fama como hombre inteligente, de buen hablar y más aún, valiente, porque se requiere valentía para dominar tus miedos a hacer el ridículo, que es uno de los miedos primarios de cualquier humano postmoderno.

Como comprenderás esto no es tan sencillo como ahora lo explico, posee intríngulis que deberán ser tomados en cuenta, por ello te recomiendo que accedas a la literatura al respecto, pero en términos nominales es así.

Poseemos dos miedos primarios y muchos secundarios, pero de los primeros debemos decir lo siguiente: tememos a la muerte por lo desconocido y porque al final de la jornada no queremos desprendernos de nuestros afectos y otro miedo no menos interesante pero aprendido socialmente es el miedo escénico que podemos dominarlo en primer lugar con práctica y entendiendo que tiene una connotación fisiológica y otra psicológica, absolutamente fáciles de doblegar.

Podríamos citar como buen ejemplo para ti, a muchos oradores a lo largo y ancho de la historia como es el caso de Sir Winston Churchill en Inglaterra, Franklin Delano Roosevelt y John F. Kennedy en los Estados Unidos de América, Charles De Gaulle en Francia y en Latinoamérica a Jorge Eliecer Gaitán en Colombia, Carlos Andrés Pérez en Venezuela, no obstante son referencias importantes que debes tomar en cuenta, no para imitarlos sino para crear y forjar tu propio e inigualable estilo. En estos tiempos considero al Presidente Barack Obama como el político con mayor capacidad en el arte de hablar en público porque entre otras cosas posee un dominio excelente de algo que se llama la "cinesia" que es la situación gestual del rostro de acuerdo al mensaje que se está dando, pero repito, este libro no es de oratoria, insisto en que mi tarea contigo es demostrarte lo importante de ella como herramienta fundamental para ser político.

Siendo una herramienta, puede, de acuerdo a su uso, convertirse hasta en un arma y te invito a que leas con detenimiento este pensamiento del maestro venezolano Cecilio Acosta, en referencia al poder de la palabra: "La palabra no es el martillo que desmorona, sino el aliento que insufla, no es canon sino verbo, ni derrama sangre sino luz. La palabra, por último, es en un sentido el pararrayos que descarga la nube, por los males que evita y en otro, la electricidad del espíritu, por la vida que siembra y que difunde".

La palabra es tan contundente que es la única arma con la cual puedes defender tus derechos en democracia. Es tan fuerte que los dictadores le temen. La palabra es el único instrumento usado por los sacerdotes para evangelizar, usado por los psicólogos para curar y por supuesto usado por nosotros los políticos para ayudar, servir, motivar.

Todo comienza con una pregunta: ¿Ya entiendes que la política es la vida y que es preciosa? ¿ya viste que la oratoria es el arma que moverá tus ideas?

Pues bien, para lograrlo se requiere tan solo de cuatro cosas que debes practicar como si del aseo bucal se tratase y deberás buscar sus conceptos en el diccionario a manera de que los internalices: disciplina, voluntad, templanza y carácter.

Bienvenido al misterio que implica la palabra con la que se puede al mismo tiempo bendecir o maldecir, amar u odiar, motivar o destruir y por ello debemos entrar en la materia que nos ocupa: "la oratoria política".

"Para mí no existe placer sin comunicación. No hay pena más grande que cuando un noble y brillante pensamiento viene a mi mente y no tengo a nadie a quien comunicárselo"

–*Montaigne*

CAPÍTULO IV

La oratoria política

Este es un género oratorio de suma importancia para el aspirante a político, porque como ya lo dijimos es el arma para la obtención democrática de los objetivos. La oratoria política posee dos diferentes ejercicios a saber: la oratoria política parlamentaria que es aquella que se ejerce en los diferentes cabildos, legislaturas y parlamentos deliberantes, cuyos integrantes son los genuinos representantes del pueblo que les eligió y por ello se ejerce para persuadir a propios y adversarios sobre la conveniencia de la aprobación o no de tal o cual ley, de tal o cual reglamento que rija los destinos, la conducta o el ejercicio democrático.

Por otro lado viene surgiendo de manera intempestiva la oratoria política popular que puede ser ejercida en locales cerrados o abiertos frente al público que espera ser convencido. Es, a mi juicio, ardorosa, palpitante y sumamente motivadora. Por su naturaleza casi siempre es producto de la improvisación, pero como ya lo hemos escrito en el capítulo anterior, para un político experimentado, con la práctica y la técnica pertinente deberá ser como para el pez, nadar en el agua.

Existen sutiles diferencias entre las dos. Para efectos de la parlamentaria se tiene el obstáculo del tiempo, por cuanto el orador deberá remitirse al que el Presidente o moderador de la asamblea designe para cada persona que intervenga, de manera que el discurso deberá ser agresivo en términos de hacer llegar el mensaje con eficiencia.

En el caso de la oratoria popular es más laxo. Deberá ser apasionada, controversial, sin miedo a atacar al adversario, a mostrar sus debilidades, debe exaltar y hasta enardecer a la masa, requerirá habilidad para el manejo de interrupciones inesperadas, habilidad para improvisar como ya lo hemos explicado y una gran agilidad mental y rapidez para refutar, replicar y contestar ante algún ataque. Esto es complejo, por cuanto esa masa es heterogénea y normalmente dispersa, cuando se hace en lugares abiertos y con libertad de acceso.

Espero haberte mostrado la importancia de la oratoria en tu afición hacia la política y por ello quisiera finalizar este capítulo citando al Harry Simmons:

"Un individuo solo es el mismo a medias, la otra mitad la constituye su expresión. Y el concepto de expresión, por supuesto, significa tanto hablar como escribir, la utilización de palabras. Un hombre podrá tener la idea más grandiosa del universo, pero si no puede expresarla con palabras eficaces para que otras mentes las capten, ese hombre es tan estéril y fútil como la semilla que languidece en la fría oscuridad del yermo".

"La esperanza es el sueño de un hombre despierto"

–Aristóteles

CAPÍTULO V

Un cambio de conciencia

Sí, es cierto, no es una casualidad que Latinoamérica toda sea subdesarrollada, nada tiene que ver su posición geográfica, ni sus recursos naturales, que de paso son inmensos, tiene que ver con sus habitantes y sus procesos educativos, con sus leyes y su manera de incumplirlas, con la actitud hacia la autoridad y la manera de sus gobiernos de ejercerla normalmente desde el abuso.

Se hace prelatorio un cambio de actitud, una mirada hacia lo común, porque una de las cosas que observo, sobre todo en la sociedad actual venezolana es una interesante manera de manejarse individualmente, sin visión grupal, sin visión de equipo y mucho menos de país.

Podríamos recordar historias fuera del continente americano, de muchos más años de los que he vivido que pueden acercarnos a un análisis serio. Por ejemplo la historia soviética y los asesinatos de Stalin, el diseño absurdo del Tercer Reich alemán que supuestamente duraría mil años y tan solo duró doce, la hambruna a la que ha sido sometida Cuba desde la llegada de Fidel Castro, pero en este caso particular debemos agregar que hay cubanos de setenta años de edad que nunca conocieron la democracia en su tierra o es que acaso la de Fulgencio Batista ¿no fue una dictadura?, por Venezuela debemos recordar las más de tres décadas del General Juan Vicente Gómez, los diez años del General Marcos Evangelista Pérez Jiménez y podríamos seguir desviándonos del verdadero objetivo de este libro pero ya, es suficiente con los ejemplos citados a lo que deseo ir es a demostrarte que de alguna forma en la humanidad ha habido ciclos de dolor que se han cerrado para surgir hacia la prosperidad.

Nosotros, cada individuo, tú que me lees en este

momento, eres susceptible de tener en tu vida ciclos positivos y otros menos y te invito a que pongamos algunos ejemplos:

La primera vez que fuimos al colegio y nos separamos de nuestra madre, la gran mayoría lloró y no sabíamos por qué y se abrió un ciclo que fuimos superando y entendiendo que es en la escuela a donde debemos ir y podría apostar a que si tiene más de veinte años y estudios universitarios de pregrado, pasaste en ese ciclo casi toda tu vida y fueron cerrándose las inseguridades para dar crecimiento y fueron abriéndose otros ciclos y así transcurre tu vida y luego de graduado posees un trabajo, otro interesante ciclo, pero también probablemente reprobaste algún año en tu proceso educativo que a la vez superaste.

Por mandato natural, tus padres deberán morir primero que tú, pero ha habido casos donde son los padres quienes entierran a sus hijos y ese ciclo es tan doloroso y terrible que no posee ningún nombre en el idioma castellano. Observa: si pierdes a tus padres pasas a ser un huérfano, pero ¿si pierdes a un hijo?

Te casarás como he hecho yo y juramos en nuestra religión que será por siempre, hasta que la muerte

nos separe, pero también debemos ver la siempre expo-
nencial estadística de divorcios, de la que no estamos a
salvo y una vez casados con tanto amor y esperanzas,
seguramente un divorcio será un ciclo de dolor y hasta
de luto, por la muerte precisamente del amor y de la
esperanza y puedes preguntar a esta altura: ¿Y que tiene
que ver todo esto con la política para jóvenes?

Latinoamérica está llena de pobres. Hay sin duda
una muy mala repartición de bienes y servicios, hay
también un control férreo de la economía lo que a mi
juicio hace que la ahogue y que se alejen los incentivos
para inversión extranjera, lo que acarrea menos producción y para sus ciudadanos el vivir en una economía
fuera de la realidad mundial.

Recuerdo una cita que decía lo siguiente: "la pobreza no es la falta de dinero, es la falta de esperanza" y
por ello, buenos oradores que entendieron esta jugada,
tan solo venden esperanzas irreales y resulta que junto
a la ignorancia de esos pueblos, se la compran a precio
de oro y llegan a ser presidentes.

Se requiere un cambio de actitud hacia el progreso, el crecimiento, la producción de conocimiento,
el cumplimiento de las leyes y actitudes ciudadanas y

todo esto pasa por algunos tamices: le educación en primer lugar, el liderazgo y su tipo, del cual ya hablaremos de ello, la desaparición de la burocracia insulsa e inútil y el aunar esfuerzos supremos para entender que es el país todo y no una parcela partidaria por la que debemos luchar y conseguir objetivos con visión general que más temprano que tarde traerá bienestar particular para cada ciudadano.

Cuando hablo de las leyes y su cumplimiento, intento encastrar en esto la eliminación de la corrupción, de la coima, del soborno que por décadas se ha institucionalizado y al conjugar en la ecuación todas las variables prenombradas, obtendremos sin lugar a dudas como resultado adecuable, aceptable y ejecutable una nación próspera y pujante y obediente de los méritos, el esfuerzo honesto al que se premia de manera natural en cualquier país del primer mundo.

Hablo de cambio de conciencia, porque los anteriores vicios que indefectiblemente debemos atacar sin piedad, están precisamente inculcados en el inconsciente colectivo latinoamericano. Podemos poner como un ejemplo válido al narco traficante Pablo Escobar en el Medellín de los ochenta y más reciente al Chapo

Guzmán en el México actual, ambos, oscuros líderes de organizaciones criminales son inspiradores de un segmento nada despreciable de las juventudes de sus países respectivos, quienes asumen desde la inmadurez que con frecuencia trae la juventud, que con ese turbio negocio se hace buen dinero y de manera fácil. ¡Nada más encontrado con la realidad que esto!

Los jóvenes prefieren ser el chofer del capo o su sicario de confianza, eso en el subdesarrollo da estatus y prestigio, mientras abandonan la poco esperanzadora escuela, que requiere de esfuerzo y tiempo, pero el hambre es de hoy y de ahora.

Creo que en Latinoamérica es el único sitio del mundo (aunque tal vez podríamos agregar algunos países del África) donde no se requiere tener experticia ninguna para optar al cargo de Presidente de la República y pongamos el ejemplo más reciente en mi país Venezuela. A partir de 1998 ganó las elecciones un Teniente Coronel del Ejército, que poco o nada sabía de la administración pública y ruego que no entremos a analizar los pormenores que siempre me atacan y seducen a apartarme del objetivo de esta obra.

Considero de suma importancia el tener la habilidad de manejar un autobús en el conflictivo y caótico tráfico automotor de Caracas, se requiere talento y pericia, pero de allí a ser el Presidente de un país tan complejo como Venezuela hay un trecho muy largo de recorrer y como es evidente, si tomáramos a una persona entrenada, educada, calificada para ser Presidente y por un momento hiciéramos el ejercicio de ponerle al volante de un inmenso autobús, seguramente estaríamos al borde de un accidente, es por ello que en Venezuela, la administración de los recursos, de la economía, de la vida de todos, se ha estrellado contra las paredes de la ignorancia, de la falta de habilidad política, del conocimiento económico y social, de las libertadas ciuadanas y soberanas, de la meritocracia, de la profundidad de pensamiento planificador del futuro de manera estratégica e inteligente. Me temo que la juventud a la que pertenecemos, no conocemos sino por referencia la democracia. En la actualidad cabe perfectamente el pensamiento del filósofo español Jaime Balmes quien escribió: "¡Ay de los pueblos gobernados por un poder que ha de pensar en la conservación propia!" y totalmente aplicable es también el siguiente del Emperador Persa Ciro el Grande: "No es digno de mandar a otros hombres quien no es mejor que ellos" y tal vez esa sea la razón por la que ahora lees sobre política.

Llegó la hora de cerrar ciclos de dolor y abrir los de prosperidad y crecimiento y no conozco un método mejor, más rápido, duradero y eficiente que el basado en la educación y el conocimiento.

Con toda razón los gobernantes actuales poseen muy mala fama y por eso la invitación es a estudiar la política, su historia y su método, que seas mejor y más educado, que tengas valores y creencias que sean inviolables ante la tentación de la corrupción y la rapiña, porque la democracia y la política son esperanza y a través de ese vidrio cristalino, podemos ver un horizonte lleno de prosperidad.

El voto es una muy pequeña parte de todo esto, es la herramienta para poder elegir, es el instrumento apenas, que te da un poder relativo sobre los votados que serán tus empleados y deberá tener las siguientes características que seguro ya has escuchado en el colegio: será secreto y universal, pero ¿sabes cuál es la historia de este sistema de elección? Aquí te va: "El sufragio universal consiste en el derecho a voto de toda la población adulta de un Estado, independientemente de su raza, sexo, creencias o condición social. Habitualmente se refiere, de forma más concreta, a la extensión del voto a la población adulta femenina, aunque se ha dado el caso en algunos países que podían votar hombres y mujeres de raza blanca y el sufragio universal supuso extender ese derecho a otras razas.

En 1789 el poder político comenzó a estar en manos de presidentes y cámaras de representantes, resultando necesario regular su sistema de elección. A lo largo de los siglos XIX y XX se fueron estableciendo sistemas electorales que comenzaron siendo muy restringidos y limitados a una élite, hasta establecer sistemas de reconocimiento universal del voto. Aunque no todos los países pasaron por las mismas etapas y restricciones, ni en el mismo orden, en términos generales el sufragio universal se estableció luego de una evolución".

Una vez hecho este punto tenemos que abordar el tipo de voto de acuerdo a tu conciencia, de acuerdo a la preparación del candidato, de acuerdo al plan de gobierno que muestre, de acuerdo a su historia profesional, a su trayectoria, a su núcleo familiar, a su conducta social, de acuerdo a todo, lo más cercano a la perfección, al ejemplo, que sea digno de imitar, de emular, de perseguir como objetivo de honradez, admiración, inteligencia y podría seguir agregando cosas y puedes pensar que solo un súper héroe podría cumplir con lo que ahora escribo, pero no es así, el destino del país es tan importante que debemos exigir lo mejor y lo más granado de nuestra sociedad toda, no hay chance para equivocaciones, errores, desaciertos, porque influirían en el destino de toda la población, de manera que a estudiar sobre política, porque estamos en la edad correcta de poner correctivos y de hacer de nuestro país el proyecto de vida, que traerá más vida a todos nuestros compatriotas, a aquellos que votaron por nosotros y más aun a quienes no lo hicieron, porque un gobernante en cualquiera de los estratos (alcalde, gobernador, presidente) deberá gobernar para todos por igual y deberá entender que el ejercicio del gobierno implica la aceptación del opositor, así que hagamos caso a la estadista hindú Indira Ghandi: "Con el puño cerrado, no se puede intercambiar un apretón de manos" y sumemos entonces algo que coincide con lo predicho con respecto al súper héroe, del político norteamericano Edward Kennedy: "En la política como en las matemáticas todo lo que no es totalmente correcto está mal", de manera que como votante eres corresponsable del destino de tu país, eres protagonista de lo que suceda o deje de pasar, bueno o malo, al tener el poder de decidir y pido disculpas pero debo agregar el pensamiento del escritor italiano Alberto Moravia: "Curiosamente, los votantes no se sienten responsables de los fracasos del gobierno que han votado".

Espero que pase el tiempo, pero espero no dejar de soñar y de entender que la política puede ser noble y dar sus frutos y cavilo, pienso, estudio, leo con fruición atropellante y créeme que espero seguir pensando que nosotros (tú y yo), venimos a un mundo a cambiar el odio y la guerra por el amor y la paz.

> "El hombre se vuelve
> naturalmente intrépido
> a fuerza únicamente de
> practicar la intrepidez
> cuando no la siente"

–Dale Carnegie

CAPÍTULO VI

Liderazgo

Toneladas de conceptos, de letras y páginas completas tratando de descifrar ese fenómeno y capacidad de algunos hombres para liderar a otros, estilos múltiples de maneras de influir y muchísimos pensamientos y frases célebres, pero la realidad es que cada líder depende de sus capacidades, valores, creencias y formación y a mi juicio son tan variados los estilos como lo pueden ser las huellas digitales. Debo confesarte que si existen algunas similitudes aprendidas y aplicadas, pero siempre matizadas con dos importantes cosas: tu estilo personal y la circunstancia en la que te tocó liderar a un grupo, tu hogar, a tu familia toda, a tus compañeros de la escuela, de la universidad o de la política.

Mi Padre me ha dado hace ya algún tiempo, un material muy interesante titulado "El líder sin Estado Mayor" donde desgrana una parte importante de lo que quiero ilustrarte, pero sobre todo habla de esas terribles presiones a la que se ve sometido el líder.

Las circunstancias pueden hacer que aparezca ese líder escondido dentro de ti, pero esto tampoco es casual sino causal, porque el tal líder escondido se vino preparando para afrontar ese momento sin que tú lo supieras. Por ejemplo: durante la tragedia de las torres gemelas en New York, aquel fatídico Septiembre 11, aparecieron héroes anónimos que salvaron, bajo su liderazgo, a muchas vidas, civiles quienes se encontraban laborando allí, oficinistas, burócratas, que junto al cuerpo de bomberos, quienes si han recibido entrenamiento para estos casos extremos, la policía igualmente, los militares y los paramédicos, ayudaron bajo su dirección a darle alguna forma al caos y salvaron muchas vidas.

Durante el deslave en la ciudad de La Guaira en Venezuela, donde el número de muertos aún no se ha determinado, pero que se supone en cientos de miles, nacieron esos héroes que arriesgaron su vida para salvar a otros, mandaron a grupos a resguardarse bajo sus criterios de seguridad, ordenaron igualmente el caos para la evacuación en los helicópteros de las Fuerzas Armadas, establecieron prioridades para la repartición de la poca comida y agua, a los más débiles como los niños y las mujeres, esos líderes estaban allí antes de la tragedia, fue ella –la tragedia- la que los sacó para beneficio de muchos, de forma que las circunstancias extremas nos hacen conocer a los líderes circunstanciales y con frecuencia también anónimos.

A lo que vamos. En la política no es menos parecido a lo expuesto, sobre todo a la política en Latinoamérica y en la Venezuela de nuestros tiempos, por cuanto casi cualquier cosa es una emergencia, producto de la improvisación y de la falta de solidez de las instituciones, junto a una poderosa manera de corrupción y falta de doctrina ciudadana, por supuesto, estás en tu derecho de pensar que esto no es así, pero la realidad lo demuestra con rudeza.

En cada grupo social, desde la época de los primeros humanos sobre la tierra, el grupo ha requerido de alguien que pueda guiar sus acciones a manera de preservarse y conservar la vida y la especie y en la selva de la política no es diferente. Los partidos políticos, las asociaciones con los mismos fines, las corporaciones con fines o no de lucro, con objetivos altruistas o no, con buenas intenciones o no, siempre requerirán del líder y dependiendo de las capacidades y del estilo de este, ese grupo podrá tener resultados satisfactorios de acuerdo a sus objetivos o a las intenciones de haberse agrupado para obtener más fuerza.

Ya te dije que hay toneladas de conceptos de liderazgo, creo también que hay toneladas de estilos y más de circunstancias extremas o no que hacen poner en juego las potencialidades y el surgimiento de ellos, pero debemos estudiar como buen ejemplo el estilo del que a mi juicio ha sido el protagonista benigno de la Segunda Guerra Mundial y su contraparte, el protagonista maligno de la misma guerra, me refiero en el primero de los casos a Sir Winston Churchill y a Adolf Hitler, pero esa es una materia para tu propio estudio si estas realmente interesado en afinar tu estilo para hacerlo mejor, te recuerdo nuevamente que no es este el único libro que debes leer para ser buen político y mejor líder, mi objetivo es el de influir en ti para el estudio sistemático de la política y hacerla tu estilo de vida, sin recesos, sin vacaciones ni tiempos de recreo, ella, la política no lo permite y si realmente deseas entrar a este maravilloso mundo, deberás hacerlo entregando todo y dedicándote con amor a esta ciencia que a la vez es arte, de manera que te invito a que veamos algunos pensamiento importantes de liderazgo antes de entrar de lleno a los problemas del liderazgo:

"El corazón de un hombre de Estado debe estar en la cabeza".

Escrito nada más y nada menos que por Aristóteles, nos invita al pensamiento concienzudo y audaz y yo te agrego que para tener ambos, deberás estudiar y aprender de los otros para evitar cometer sus mismos errores.

"Hay de los pueblos gobernados por un poder que ha de pensar en la conservación propia".

De esta forma el filósofo español Jaime Balmes, nos ilustra sobre lo que ahora, (para el momento de este libro) pasa en algunos países de América de Sur como es el caso de Venezuela, Bolivia, Ecuador, donde sus gobernantes han decidido cambiar las reglas del juego establecidas en las respectivas constituciones para conservar sus proyectos y perpetuarse en el poder.

"La democracia es la necesidad de doblegarse, de vez en cuando, a las opiniones de los demás".

Y ya te había hablado de Churchill, quien terminó sus días siendo amado por su pueblo y yo me atrevería de asegurar, por el mundo, como ejemplo de un líder inspirador en aquellos tiempos telúricos de desastre y maldad de la segunda guerra, que como sabes, finalizó con la muerte de Adolf Hitler por suicidio en 1945, al verse rodeado por los aliados en Alemania, precisamente sosteniendo un proyecto que de acuerdo a ellos duraría mil años llamado el Tercer Reich y que tan solo duró 12 terribles años, pero recordemos, que si el mundo libre no hubiese tenido líderes que juntaran sus esfuerzos y sus talentos para ir en contra del absurdo proyecto Nazi, tal vez este libro fuera escrito en alemán.

En política y sobre todo cuando se está en situaciones de gobierno, la burocracia y los compromisos te hacen entrar en una curva sinusoidal que no te permitirá tener mucho tiempo para pensar si no te opones a ella. En un estudio llamado "Advising the rulers 1987", llegaron a las siguientes conclusiones que son tremendamente preocupantes:

Asegura que las cargas de trabajo son sumamente severas, con muchas actividades rutinarias, rituales, actos y compromisos que tomarán una inmensa parte de tu tiempo y energía, las agendas están sumamente cargadas y sobresaturadas que de acuerdo a ellos el político en gobierno deberá tomar unas 3,000 decisiones repartidas de la siguiente manera:

Decisiones muy importantes 5

Decisiones importantes 45

Decisiones significativas 300

Decisiones rutinarias 2,650

Pero lo grave de esto, es que todas estas decisiones competirán casi con igual peso por el tiempo del dirigente, de manera que la pregunta que debemos hacernos: ¿Y cuándo se sienta a pensar el líder/gobernante?

Como es de esperar, estas posiciones gubernamentales son normalmente transitorias, sino estamos en presencia de un monarca o dictador que gobernará a su antojo y por tiempo indefinido y por ello el mismo estudio nos da una mala noticia; "el líder debe invertir una parte significativa de su tiempo en actividades destinadas a mantener su posición de liderazgo. Cuando se entra al alto Gobierno, la competencia política no cesa, por el contrario, ella eleva sus exigencias, así, el líder deberá enfrentar muchos problemas intermedios que la población no siente ni valora, sin embargo, para el dirigente, la acción eficaz sobre dichos problemas intermedios es una inversión indispensable para renovar constantemente su liderazgo".

Me encanta este estudio, es lo que andaba buscando porque comprendo desde mi juventud que las cosas empeorarán si no estamos preparados y más aún, creo que la palabra es entrenado. Recuerdo a un profesor que en la primera clase en la universidad nos preguntó: ¿Qué se aprende en ella? Y todos comenzamos a dar nuestras teorías desde la inmadurez y la falta de conocimiento, repitiendo lo que alguna vez habíamos oído de otros, pero sin pensar. Nadie dió en el clavo y el astuto profesor nos puso en el sitio correcto cuando nos dijo: "a la universidad vienen a crear algunas habilidades y a saber dónde buscar la información, la carrera no termina con el diploma, al contrario, comienza cuando se lo entregamos", de manera que estamos ante un problema de fácil solución si somos conscientes de la necesidad del entrenamiento de la información y de la experiencia para tomar más y mejores decisiones donde normalmente no sobra el tiempo.

Es evidente que el líder en funciones de gobierno sufrirá de una fuerte tensión situacional, por la repetitividad de condiciones, de responsabilidades que aumentarán las probabilidades de error en el manejo de decisiones en períodos de crisis. Como humanos que somos estaremos indefectiblemente expuestos a entrar en pánico, en subutilizar el poder y los recursos para salir rápido del atolladero o tal vez abandonarse a las circunstancias, de manera amigo lector, no estamos a salvo a menos que podamos prever los accidentes que siempre se nos presentarán y que con frecuencia son culpa de otros, por su falta de organización y disciplina.

En términos también humanos, a los líderes les pasa algo que normalmente termina en desastre: las personas sinceras que le hablan sin empaches de malas noticias y desaciertos, duran poco a su lado, mientras que aquella figura de los bufones de la corte siempre estarán más tiempo a su lado, si es que acaso este líder no entiende que posee un gran enemigo que duerme con él, el cual es el ego, al que debe pisotear todos los días a sabiendas de que su ejercicio de la humildad no siempre será bien interpretado por sus seguidores, acostumbrados a líderes latinoamericanos arrogantes, distantes y soberbios.

Ahora pudiésemos abordar las diferentes características de los lideres, sus estilos y cosas que puedan tener en común, pero no, creo que eso no tiene sentido para este libro y menos para ti que te encuentras en pleno período de formación política, no obstante, la literatura al respecto está preñada de buenos y grandes ejemplos de insignes protagonistas de lo humano, pero tan solo a manera de pincelada podríamos decirte lo siguiente: el liderazgo de Napoleón Bonaparte es muy distinto al de Adenauer, el de Atila (el Rey de los Hunos) muy distinto al de Ghandi y debemos asegurar que en estos diferentes liderazgos influyen parámetros de formación, de época y de personalidad que los hacen distar kilómetros de distancia, pero algo común poseen: fueron sin lugar a ninguna duda, líderes de sus épocas y sus gentes, líderes inequívocos de los destinos de quienes los siguieron por las buenas o las malas y al fin lograron todos ellos, modificar conductas y pareceres a nivel regional y más aun a nivel mundial porque continúan siendo referencia importante después de tantos años. Por aquí en América Latina tenemos un Fidel Castro Ruz, quien difiere del estilo de Alfonsín en Argentina y entonces debemos comprender que hay líderes que no lo parecen y otros que por su puntual situación sobreactúan avasallantemente.

Siendo este libro escrito para políticos jóvenes tan solo te nombraré y aclararé tres tipos de liderazgo, para finalizar este capítulo y dejarte tiempo para que investigues:

El liderazgo transformador, quien posee la virtud de ser un luchador dominante e inagotable, rechaza el pasado y se maneja en esa sutil frontera entre la audacia estratégica y la aventura, muy queridos en nuestros países y normalmente son hombres inteligentes, carismáticos pero sujetos a una muy alta ceguera situacional, donde el ego, del cual ya hemos hablado, se les desarrolla enfermizamente, inclinándolos al triunfalismo, a la centralización de todas y cada una de las decisiones y peor aún, a una suerte de ideología exagerada y maligna, como es de esperar, también con frecuencia no se dejan asesorar, porque creen que todo lo saben y asegurarán ante el desastre, que van por buen camino y que ellos –los accidentes– son culpa de sus opositores y sus malos colaboradores pero no de ellos. Si eres venezolano ¿te suena este estilo? ¿si eres cubano, también? Creo que son locomotoras que avanzan fuera de sus rieles, abriendo trochas y arrastran con su peso ese cambio situacional producto del antojo y por ende las estructuras no pueden saber hacia dónde van, ni aguantan planificación alguna y por ello se convierten en grandes desorganizadores que intentan organizar sin buenos resultados, siguen sin delegar y asfixian el tiempo de sus subordinados quienes intentan apagar los incendios. A esto le agregamos que abrazan con frecuencia ideologías a las que sobreponen por encima de la lógica y la cordura y por ello sus creencias, dogmas, también algunos traumas y hasta sus religiones dominan ampliamente las consideraciones fácticas y científicas, al pasar esto, como es de esperar destrozan economías y son capaces de llevar por delante cualquier cosa con tal de lograr lo que para ellos son objetivos altruistas a favor de los desposeídos, tratando de pasar a toda costa a la historia, sacrificando la vida y destinos de sus pueblos (¿les suena esto? ¿ya saben de quien hablo?), pero deténganse, no todo es así de malo, porque cuando un líder transformador logra ser exitoso de acuerdo a su tiempo y circunstancia, logra mantenerse en el poder, y supera el obstáculo de la realidad y es eficiente y eficaz, pues se transforma en un gran estadista y ¿saben que es un estadista? Es aquel líder que muta de ser político a hombre de Estado y su diferencia radica en que el primero solo piensa en ganar las próximas elecciones, mientras que el segundo (el estadista), piensa en las próximas generaciones, algo peligroso esto del liderazgo ¿no creen?

La historia de los pueblos demuestra que cada grupo humano crea cual monstruo a su medida al líder que para ese momento necesita y que depende todo esto de múltiples factores que no siempre son buenos, ¿recuerdan cuando les hablé de los ciclos de la vida? ¿de aquellos ciclos malos que se cierran para abrir otros de prosperidad? O peor aún, cierran ciclos de prosperidad para abrir ciclos de maldad… así es el ser humano y el líder y los pueblos, están llenos de ellos y por ende de sus falencias.

Te dije que no abordaría los estilos de liderazgo, pero me obligas y tengo que cumplirte para enfrentarnos al líder administrador, que es pragmático y des-

confiado de las ideologías, también es una suerte de lo-
comotora, pero más lenta y sobre sus rieles, es normalmente un buen empresario y por ende sabe producir
riqueza económica, lo que lo hace competitivo, no es
tan personalista como el transformador y lo mejor, no
se siente llamado a hacer historia ni se siente el escogi-
do de los dioses, pero tiene su cuota de ego, no obstante
se atiene a las situaciones ya probadas y a las reglas del
juego democrático, pero aborrece el caos y el desorden
en la misma medida en que valora la eficiencia, ¿un
poco complejo esto, no?, pero es realmente así, no te
preocupes, que ya lo entenderemos, lo que te pido es
que vayas pensando en cómo unir los estilos que hasta
ahora leíste y que te identifiques con las cosas buenas
para desechar las malas.

Este líder administrador en un extremo puede ser
un conductor hábil del cambio gradual, sobrio, seguro,
serio, capaz de producir progreso social y económico,
perseverante y cauteloso, pero por otro lado podría estar fuera de su tiempo, tal vez arrastrado por las circunstancias o por no entender que todo lo concerniente al
humano posee reglas a veces flexibles, pero algo posi-
tivo para él, no busca las grandes decisiones críticas y

aborrece las decisiones trágicas.

Podríamos seguir buscando características que me temo no son absolutamente ciertas, porque en el humano postmoderno se podrían conseguir varias de ellas en un mismo individuo, sin poder entonces conceptualizarlo de manera casi matemática como hemos expuesto, no obstante te invito a que revisemos uno más, pero debes ponerte el cinturón de seguridad, porque en este, tomaremos altas velocidades, me refiero al tipo de líder sin proyecto.

No es totalmente cierto lo de "sin proyecto" porque él siempre tiene uno, pero personal, quiere el poder porque lo ama y sabe bien de lo afrodisíaco en que se puede convertir, delega a otros el proyecto de gobierno, mientras trabaja en sus propios intereses, experto en la micro política, conocedor de las debilidades humanas y por supuesto excepcional relacionista público y del clientelismo político, usa a su antojo las influencias, ambicioso y egocéntrico, ¡realmente es un peligro!, es normalmente diestro en el sistema electoral, abrazando la corrupta sentencia de Stalin: "No es importante votar, lo importante es quien cuenta los votos", siempre está a favor de la corriente dominante, así esta vaya en contra de sus valores y creencias, gran sentido de la oportunidad, pero de baja capacidad intelectual, es sumamente vivaracho y astuto, no posee ni quiere ningún debate ideológico, pero es práctico en la acción, ambiguo en público y evita tomar partido, a mí en lo particular no me gusta y me temo que a ti tampoco, pero después de todo esto debo preguntarte: ¿Qué tipo de líder deseas ser desde la política y el gobierno?

Recuerda que la política te pertenece tanto como ella a ti, es ese ejercicio encantador que otros lo han enlodado y te he descrito tan solo tres tipos de líderes que debemos estudiar para no fallar y caer en la trampa de ser conceptuados por nuestros seguidores, por ello, después de mucho escribir y para terminar este ya largo capítulo te invito que veamos el correcto concepto de política y pienses en como influir desde tus talentos e inteligencia, para ser el líder correcto desde las alturas del poder.

Política:

"Ciencia que trata del gobierno de un Estado o una sociedad".

"Conjunto de actividades destinadas a ejercer autoridad en un Estado o una sociedad".

¿Y si ya vimos estos escuetos pero profundos conceptos de política, por qué no abordamos el de político a ver que conseguimos y si realmente están casados con lo que antes escribí?

Político:

"Persona con habilidad y prudencia para manejar un asunto".

¡Creo que coincide positivamente!

Estimado joven político, mi mensaje va precisamente hacia la prudencia y las habilidades que puedas tener y preparar para manejar el complicado asunto de la política de tu país, a manera de obtener buenos resultados y dar a tus seguidores y también a quienes no te sigan la mayor cantidad de prosperidad, bienestar y crecimiento intelectual, económico, de salud, educación, infraestructura y seguridad y eso no se puede hacer solo, debes liderar grupos capaces y honestos, pero sin olvidarte que en cada uno de estos grupos conseguirás líderes como los descritos anteriormente que te ayudarán o entorpecerán tu gestión, de forma que no queda otra que no sea prepararte, forjar templanza, entrenarte, estudiar las anteriores experiencias antes de ejercer el poder, porque como lo dijera el Emperador Persa Ciro el Grande: "No es digno de mandar a otros hombres quien no es mejor que ellos".

"**Mediante la lectura nos hacemos contemporáneos de todos los hombres y ciudadanos de todos los países**"

–Lamotte-Houdard, A.

CAPÍTULO VII

Aquello de la cultura política

¡Pero claro que es de mucha importancia la cultura! Por un momento imagínese Usted haber sido acusado de un delito, siendo inocente y se busca a un buen amigo que siempre le ha gustado las leyes, pero que nunca las ha estudiado formalmente en una universidad y por supuesto mucho menos posee experiencia laboral alguna en la materia, pero Usted enfrenta cadena perpetua o pena de muerte, pero tranquilo le dirá alguien, él posee buena intención, él hará lo mejor que pueda y aprenderá muchas cosas, mientras te ayuda a que no mueras o pases el resto de tus días preso.

En Latinoamérica hacen loas al Presidente Indio y yo me pregunto: ¿Y a mí como ciudadano que me importa la raza del Señor Presidente?, por eso debo acudir a otras preguntas: ¿El Señor Presidente Indio, sabe de política, sabe de democracia, de los poderes públicos, posee alguna experiencia en el manejo de la cosa pública? O por el contrario ¿es un aficionado que siempre le ha gustado el poder?

En otro país le llaman El Presidente Obrero y debemos detenernos, porque poco o nada tiene que ver un obrero con el ejercicio del poder ejecutivo en un país tan convulso y vuelvo entonces a recordar que está Usted enfrentando la pena de muerte o la cadena perpetua y deja su destino en un aficionado.

Al final del día, la cultura y especialmente la política, son la familiaridad con los rasgos fundamentales de la historia de nuestra civilización y de nuestros países, con las grandes teorías filosóficas y científicas, así como con la lengua nativa, las obras de los artistas, la música y la literatura, que abrirán los ojos a entender las diferentes situaciones explicadas en el capítulo anterior.

La cultura es, pues, algo complejo: un ideal, un proceso, un conjunto de conocimientos y de capacidades y un estado. Los estados se describen con adjetivos. Así, en alemán se dice que una persona es culta, pero también cultivada. Lo contrario de culto es inculto y por ello el Presidente Indígena, o el obrero, palabras que intentan sin éxito adjetivar al protagonista regente del poder, nada tiene que ver con la cultura ni con sus capacidades para administrar un gobierno correctamente, igualmente nada tiene que ver con el ejercicio de la autoridad y mucho menos con el liderazgo.

Hablando de ejercicio de la autoridad, del ejercicio de la política y de las labores de gobierno, complejas, difíciles por demás, de la administración correcta y potable, por supuesto que se requiere un conocimiento previo, lo considero prelatorio antes de acceder a estas prenombradas situaciones, pero la práctica de estas labores lo es aún más, Usted no podrá ser un cirujano cardiovascular, sin haber estudiado la carrera de medicina, sin haber ocupado los cargos desde médico residente, haber hecho sus pasantías observando y aprendiendo de sus maestros y profesores en la práctica médica y por ello no puedo menos que invitarte a abordar el pensamiento de Albert Einstein cuando dijo: "La teoría es asesinada, tarde o temprano por la experiencia" y entonces me asalta la pregunta volviendo a las improvisaciones de latino América: ¿Por qué en nuestros países no se le exigen los más mínimos requisitos a quienes aspiran a regentar el futuro de nuestras naciones? Tal vez esa sea una de las causas más terribles que han hecho de la región en su totalidad, territorio fértil para ser llamado tercer mundo, aunque me temo que se encuentran cercanos a un cuarto mundo.

La cultura y sobre todo la cultura política es pues algo muy complejo, es un ideal, un proceso, un conjunto de conocimientos y prácticas y también de capacidades y a la vez un estado.

No se puede ni se debe dejar los destinos de todos en manos de los improvisados, de los amateur, de los advenedizos y flojos que si no se preocuparon por cultivarse, por aprender el difícil ejercicio de la ciencia política ¿por qué cree Usted amigo y joven político, que se podrían preocupar por hacerlo bien desde el desconocimiento y la falta de cancha en esta materia? Estás leyendo este libro, buscando conocimiento, buscando seguramente puntos de vista que te hagan reflexionar y es allí, en la reflexión donde nos vemos retratados para evitar los errores, pero recuerda a tu amigo con buenas

intenciones que por su afición a las leyes intenta sal-
varte de la pena de muerte o la cadena perpetua, creo
que es este un buen ejemplo, porque al igual que tú, me
buscaría al abogado con mayor experticia, con mayor
conocimiento de la ley, a ese abogado que me brinde al
menos, posibilidades de demostrar mi inocencia y salir
bien librado de morir o pasar la vida tras las rejas, de la
misma manera no quiero elegir al más simpático de las
opciones políticas de mi país, quiero al más profesional,
me importa un comino si el simpático candidato tiene
buena intención, es aficionado, es amable, no, yo quiero
al más profesional repito, que sin lisonjas diga y actúe
con la verdad para el bien común de todos los ciudadanos quienes le pagamos por sus servicios y evitar así la
muerte de la democracia o peor aún, el enclaustramien-
to de las libertades tras las rejas de la ignorancia.

Los gobiernos populares, normalmente lo que
hacen es complacer a la mayoría, crear vagos y ma-
leantes vividores de la falta de carácter de sus gobernantes quienes piensan a diario en ser reelegidos, mientras se regalan o mal invierten los dineros públicos sin
control, por ello el novelista francés Anatole France,
hace que mi pensamiento coincida con el suyo: "No hay

buen gobierno popular. Gobernar es de alguna manera crear descontentos", por cuanto los objetivos más altruistas del país todo, las medidas de recorte económico
por ejemplo no pueden ni tienen siempre que ser populares, pero si serán siempre responsables, ¿una gran
diferencia verdad?

Volvemos a la cultura y no podemos evitar la pregunta que debes hacerte: ¿Realmente eres un hombre culto
políticamente? Y la respuesta la podrás conseguir en
otra: ¿Soy culto con respecto a quien o a qué? Joven
político te tengo otra nueva noticia porque pareciera
ser que todo esto pertenece a una suerte de comunidad
de fieles porque ella – la cultura- y sobre todo la política
es el resultado de un lento pero permanente proceso de
sedimentación, son un montón de contenidos deposi-
tados por el glaciar de un consenso general que deter-
minará si realmente pasas a engrosar las filas de los cul-
tos, pero toda esa información estará depositada a la espera de poder usarla para tu provecho político y luego
para el provecho de tus electores y más aún para todos
los ciudadanos de tu Alcaldía, de tu Estado, de tu País.

Si te preguntáramos si puedes explicarnos la segunda ley de la termodinámica y estuvieses en capaci-

dad de responder, ¿te sentirías culto? Y lo siento, pero la respuesta es un rotundo y contundente no, por cuanto la prenombrada ley física no forma parte de la cultura política que es la materia de este libro y más todavía, no forma parte de la cultura mundial sino una pequeña y a la vez importante parte de los científicos que nada tiene que ver con tu cultura sino con un conocimiento absolutamente parcial.

Son un conjunto de reglas, son un grupo de piezas que debes ir poniendo de acuerdo a la teoría y luego a la práctica en el justo lugar del difícil ajedrez del ejercicio político y de la administración pública.

Todo lo escrito anteriormente tiene que ver con tu propia actitud para entender esto. Ya estás leyendo y te felicito porque a nadie se le puede obligar, pero tan solo este es uno de los cientos de libros que deberás pasar por tus pupilas e internalizar, porque se lee voluntariamente y por ello la cultura, la literatura, el estudio de la historia de la política y sus más importantes personajes, que cometieron errores que deben ser evitados, pero también aciertos que deben ser imitados, no se pueden obligar, es como el amor, este ha de seducirnos, invitarnos, atraernos e inspirarnos y por ello te recuerdo el CAPÍTULO I. Leer porque se debe leer es como hacer el amor obligado, no tiene ningún sentido y aunque te lo puedan ordenar, nada aprenderás sino posees la correcta actitud de reflexión e internalización del pensamiento de otros hacia tu propio pensamiento y por ello, de esa necesidad de que la lectura sea una actividad voluntaria, hace del aprender una prueba muy dura.

Los políticos en general poseemos una mala fama de mentirosos y truhanes que con cierta probidad otros se han ganado en perjuicio de todos, por cuanto acuden a la mentira para evitar los problemas que su poca cultura no le permite resolver y eso debe ser eliminado, por ello me contento mucho que con honestidad me leas y entiendas que ciertamente podrás ser un corrupto, es muy fácil caer en esas garras, es muy fácil mentir y se aprende más rápido y a veces con mejores resultados que ser honesto y mantener la verdad por dura que sea, pero al final del día es ella –la verdad– la que te protegerá ante el juicio del tiempo y por ende te brindará la posibilidad de mantenerte por siempre haciendo el trabajo político para el que te preparaste y por el que tanto estudiaste.

La falta de práctica te hará incapaz y por ello antes de ejercer debes culturizarte. La incapacidad te hará inseguro y allí tenemos un problema de falta de experticia para toma de decisiones acertadas y otra peor aún, la inseguridad te hará temeroso y el miedo paraliza, el miedo es un enemigo que solo puede ser diluido con conocimiento actuando desde el amor, la sapiencia, la sabiduría, el roce social, el ejemplo y el entendimiento de las sociedades, no solamente la tuya, sino las del mundo civilizado para que puedas tomar lo que te conviene y se pueda aplicar a tu país y poder desechar lo que no se puede.

Hay un político norteamericano de nombre William J. Sharp que en referencia a lo que te digo, dejó correr su pensamiento de manera interesante: "La lectura de la historia me ha convencido de que todo gobierno se vuelve malo por gobernar demasiado" y es que le concedo toda la razón, la alternatividad, el encuentro de diferentes puntos de vista y capacidades, la aceptación de la disidencia, que seguramente nos mostrará otro ángulo de una situación política, pero mira que interesante "el estudio de la historia" dice el autor, claro que tienes que leer el pasado para evitar errores superados pero susceptibles de ser repetidos en el presente y claro que "...el que gobierne demasiado" se volverá malo al no entender que está allí para prestar un servicio y no para enriquecerse en los servicios prestados, un juego de palabras de sumo interés para ir por el camino correcto.

"Hay dos cosas que uno debe aceptar, si quiere hacer la vida soportable; las injurias del tiempo y las injusticias de los hombres"

–Nicolás Chamfort

CAPÍTULO VIII

Vidas que deberías conocer

Hay vidas que han marcado positiva o negativamente a sus pueblos, personas que han influido tanto en los destinos de millones de otras personas que son dignas de estudio, pero como este no es un libro de historia ni yo historiador, ese será un problema solo tuyo. Yo por mi parte me remito a darte un comienzo, una inspiración, un conocimiento que debes y tienes que profundizar, porque en mi caso personal tan solo soy un político joven que no lo seré por toda la vida, el tiempo pasa y seguramente antes de que me dé cuenta seré un político maduro y luego uno viejo y es en el tiempo donde creo que está la clave, porque envejecer es inevitable pero el crecimiento intelectual y político es una opción personal.

Si fueras francés deberías comenzar por saber quién es el Emperador Napoleón Bonaparte y luego el General Charles De Gaulle, pero si fueras argentino deberías estudiar la vida del General Perón y su esposa Eva, quienes ambos fueron Presidentes, del General Galtieri y sus errores llevados a cabo durante la nefasta Guerra de las Malvinas en 1982.

Pero si fueras británico, ya te he hablado de Sir Winston Churchill y a la sazón de las Malvinas deberías pasearte por la de Margaret Thatcher, pero tú no eres ninguno de los anteriores, tu eres un político joven de Latinoamérica que requiere saber del mundo y por ello si fueras colombiano un buen comienzo sería Jorge Eliecer Gaitán y si fueras panameño las vidas de Torrijos y luego el General Noriega, de Nicaragua la historia de los sandinistas, de Chile la del Presidente Allende y luego la del General Augusto Pinochet y así podríamos seguir hasta que decidas dejar de leer al darte cuenta que es una inmensa tarea esto de las vidas pasadas de los políticos prominentes del mundo, porque si acaso eres cubano, no dejes de enterarte de la vida de Fidel Castro, pero antes de él, de la de Fulgencio Batista, y antes, la de Prío Socarrás. Tenemos trabajo por delante pero la buena noticia es que tienes mucho tiempo para hacerlo, nadie, que no sea tu curiosidad y las ganas de ser mejor y superar a los actuales e improvisados políticos te hará trabajar en tu mejoramiento.

¿Es que eres alemán, austriaco o ruso?

Adolf Hitler (un líder negativo) puso a Alemania a luchar contra el mundo libre, pero él era austriaco nacido en un pequeño pueblo a orillas del río Inn y con respecto a los rusos no dejes de ojear la historia de los zares, luego la de Lenin, Stalin, Trotsky, la perestroika, el glasnost, lee, lee y no dejes de hacerlo.

Si eres dominicano, no dejes de pasearte por la de Rafael Leónidas Trujillo conocido como "Chapita" Trujillo.

Tu elección puede ser esa, pero es sumamente importante que leas lo correcto porque seguramente podrías hacer el hábito de la lectura y dedicarte a leer comics, a Mafalda, libros de chistes y convertirte en el político joven más divertido de la jungla, pero más pronto que tarde pagarás el precio de haber perdido tu

tiempo, porque no queremos en el poder a un come-
diante, entre los que hay algunos en los prenombrados
personajes, queremos al más preparado, con mejores
criterios, con mayor cultura y practicidad.

Pero ¿y si eres venezolano?

Podríamos irnos a los días de la época de la in-
dependencia, que son muy importantes, pero te invito
a que vengas tan solo al siglo XX y comiences con la
dictadura del General Juan Vicente Gómez, pases de un
salto a la Democracia, luego de la dictadura del General
Marcos Evangelista Pérez Jiménez en 1958.

Estudia la vida y obra de Rómulo Betancourt, llamado también el padre de la Democracia, la de Carlos
Andrés Pérez, Raúl Leoni, Rafael Caldera, Luis Herrera
Campins, Jaime Lusinchi, no dejes pasar por supuesto
la que mejor conoces si es que acaso tienes menos de
veinte años, la de Hugo Chávez Frías, de manera que es
allí, donde debes buscar, para forjar tu propio carácter
político y tu propia manera de pensar, actuando, ejer-
ciendo, aplicando lo que puedas aprender de los aciertos
y errores de los demás, pero con un sentido profesional,
no incluyas en tus lecturas las emociones a la hora de
estudiar la vida de individuos indeseables para tu juicio

democrático, como es el caso de Fidel y Raúl Castro, la de Hitler o Chávez, Stalin o Galtieri, ¡qué más da! Mi recomendación es que los leas con el sentido crítico apropiado y te preguntes sobre sus ilegales orígenes para gobernar, te preguntes, sobre la manera populista o no, sobre sus aciertos en el equilibrio económico de sus países, sobre la administración, si es que acaso hubo excesos en sus mandatos contra los derechos humanos, si cometieron por exceso o defecto abusos y delitos de lesa humanidad o lesa patria, pregúntate, siempre pregúntate que puedes aprender de los buenos y los malos y que puedes aplicar a tu vida política de cada uno de ellos.

¿Es que eres un ciudadano americano que como yo tiene orígenes latinoamericanos y te gusta la política? Pues bien no olvides a los padres fundadores, pero recuerda incluir al Presidente Franklin D. Roosevelt y la importantísima decisión de entrar a la Segunda Guerra Mundial, Harry Truman y el lanzamiento de la primera bomba atómica llamado el proyecto Manhattan, a la historia de vida y trágica muerte de John F. Kennedy, por supuesto a los Bush (Padre e hijo), a Bill Clinton, quien desde joven lo prepararon como es tu caso para ejercer la política hasta llegar a la Presidencia y así podríamos seguir casi infinitamente hasta que tu llegues a la conclusión de que es demasiado y decidas dedicarte a vender el resto de tus días, palomitas de maíz en la plaza.

Claro que es más fácil no estudiar, de hecho hay Presidentes que nunca lo hicieron y por ello fracasaron y te pondré un ejemplo que seguramente conoces: en un país cuya educación es gratuita, incluyendo la universidad, el Presidente Nicolás Maduro decidió no hacerlo y llegó de manera fraudulenta (como ha sido toda su vida), primero a ser el Canciller y luego el Presidente de la República de Venezuela. Como comprenderás tenemos el problema de la inmensa dinámica en que se mueve la política, pero para el momento de esta edición sabemos que Venezuela ha roto las fronteras de la más alta inflación del mundo, sus ciudadanos están pasando hambre producto de la escasez por haber destruido el aparato productivo, y más de siete mil empresas han cerrado sus puertas producto de algo de suma importancia, la falta de seguridad jurídica que se traduce fácilmente a la falta de reglas de juego y pudiera seguir, pero me he propuesto no criticar a gobierno alguno y no hacer de este libro, mi primer libro, una letanía de dolor y desaciertos quitándote la posibilidad de inspirarte y motivarte.

¿Ahora me entiendes?

¿Te das cuenta de la importancia de "LAS VIDAS QUE DEBERÍAS CONOCER"?

www.ingramcontent.com/pod-product-compliance
Lightning Source LLC
Chambersburg PA
CBHW072213280526
45788CB00002B/998